JN437785

저녁 강

저녁 강

지은이 · 오삼록
펴낸이 · 유재영
펴낸곳 · 동학사

1판 1쇄 · 2015년 11월 10일
출판등록 · 1987년 11월 27일 제10-149

주소 · 04083 서울 마포구 토정로53 (합정동)
전화 · 324-6130, 324-6131 | 팩스 · 324-6135
E-메일 | dhsbook@hanmail.net
홈페이지 | www.donghaksa.co.kr
www.green-home.co.kr

ISBN 978-89-7190-498-5 03810
※ 저자와의 협의에 의해 인지를 생략합니다.
※ 잘못된 책은 바꾸어 드립니다.

저녁 강

오삼록 시집

■ 시인의 말

함께 걸었습니다
슬쩍, 손을 잡았습니다
포옥, 안겼습니다
엄마의 품이었습니다
시가, 그러하였음 합니다

2015년 가을
오삼록

저녁 강 오삼록 시집

1

2

3

1

자국

밭골에 씨감자를 심었다
그는 눈이 어둡다
비닐을 덮고
물을 주었다
비로소 감자와 나는
촉촉해졌다
감자가 싹을 내었다
나는 말을 알아차렸다
자세히 보니
싹은 감사의 푸른
혀다
흙을 밀고
싹을 낸 것은
스스로 묻은
말이다

개조심

'개조심' 이라 쓴
고딕체 대문간에
몸집 큰 개 한 마리
우락부락 하다
온 동네를 뒤엎을 수도
있다는 듯
컹컹대는 게
자유당 시절의 주먹 큰 놈 같다
주인이 머리를
쓰다듬는다
제가 잘했다는 건지
개가 자랑스럽다는 건지
둘만의 소통은
도무지 모르겠다
목줄을 풀기라도 한 건가
자꾸 눈이 간다

특별한 시

시랍시고
강냉이 자루 던지듯
툭 던지면
옥수수 세대 아이는
안절부절 한다
열매가 어디에 있는지
오직 먹어본 사람만 아는,
손톱 밑이 아프도록 벗기고
또 벗겨도
당장 입에 들어갈 수 없는
날 것
누구나 좋아하는 옥수수라 해도
강냉이 자루 같이
툭 던지는 특별한 시는
지루하리,

성자聖子

새댁은
지하도의 오후를 내려 가다
짐을 든 할머니를 도와
다시 오른다
할머니는 지팡이에 기대어
오른 다리로 계단을 오른다
짐을 든 손은 엉금엉금
벽을 오르는 담쟁이 같다
할머니도 빛났던 한때가
있었을 터,
빛고운 추억은 조글조글하다
시간은 저만치 우두커니
서있는데
마주 오르는 둘은 모녀처럼
다정하다
새댁은 슬슬 계단을 오르다
이윽고 자신도 절름발이가 된다
한뜸한뜸 발걸음이
지구를 깁는다

생生

슬쩍 다가 앉아
물었다
무얼 좀 이룩했냐고,

마른 오징어를
꾹꾹 씹던 그,
장가들어 아이 낳고
연속극 보며 웃었던 일
밖에 없다며
머리를 긁적였어,

드라마 같은 갈증은
어땠을까

그 생이 드라마 였나 보다
찬란한 유산 같은,

창

따뜻한 봄날

창을 닫았다

풍경은

창 너머에 두고

벽만 세웠다

빛은 공손한데

이쪽은 춥다

10월

주황색 우주가
감나무에 주렁주렁 하다
호랑나비가 하얀 메밀꽃에
취하고
낮술에 취한 콩잎은 제법
휘청 거린다
포장길에 내려앉은
사마귀 한 마리가
볕의 두께를 가늠한다
산으로 닿는 길은
패랭이가 안내한다
하얀 억새들 노을 지는
방죽을 오르고
난 이미 가슴이 시리도록
다 비워도 서럽지 않으니
시월은 이제 주황색으로
물들다

볼륨

객장에서 소개받은 손님을
VIP룸에 모시고
상품과 이윤이며 기간을
따지고 따져 드린 후
투자 금액을 묻자
대뜸 한장 이라고
하셨습니다
일억이라고 쓴 저를
의아하게 생각하지 않은
손님은
눈을 지그시 감고
당연했습니다
꾹꾹 도장을 누른 다음
천만원을 건네주시더라고요
세고 또 세도 동그라미 한 개가
모자랐습니다
잘못된 거냐고 조심스럽게 묻는
저에게 손님은 대뜸

목소리를 높였습니다
당신 같은 까막귀가 높은
은행문은 어떻게 넘었소 한다
구렁이처럼 넘지는 않았는데
그 경계는 어두웠습니다
해운대 지점에서
당감동으로 온 날이었습니다

재래시장

백화점에 밀리고
인터넷에 주눅 들어도
홍정 만큼은 살아있다
안돼요 주세요 소리에
시장은 시끌한데
훈수드는 이웃이 흥미롭다
막 들어온 신상품은
모자라고
재고마저 동이난다
샅바를 다잡던 손이
악수를 청하면
홍보는 벌써 얼큰하다
안 팔겠다던 속성도 잊어버리고
손해보고 주겠단다
손님을 맞으면서
주머니를 불린다면
주머니 장사만 춤추는
장이서겠네.

소문

나는, 내가 만든게
아니다
남의 소문을 합쳐 논
무더기다
나는 날개 짓을 한
나비였으나
소문은 큰 태풍 같은
바람이었다
나도 가끔은 침을 뱉지만
얼굴에 떨어지는
하늘이었다
듣지 않았으면 하는데
불쑥, 소문은 꼬리를
들이민다
나는, 그들이 즈므린
소문의 모양이다

타이어

닳았거나 파스가 났을 때
타이어는 바꿉니다
정한 기간이 따로 없습니다
분명한건
바꾸는 시기가 빠를수록
고성능 차량이라는 겁니다
매 경기마다 타이어를
바꾸는
경주용 차량 같은 겁니다
무시당한 타이어가
구른 적은 없습니다
타이어가 화나면
걸어야 합니다
못하나 먹은 것쯤 하다간
폐차 당합니다
빈회전만 하는 엔진은
쇠뭉치니까요

길 다방

버튼을 누르자
위잉하고
자판기가 돈다
차나 한잔 하자던
영식이는
먼저가고
건들바람이
등을 떠민다
찬 밖, 서성이는
굽은 능 너머
커피를 타는
상자만 둥그렇다
쉰아홉의
어정쩡한 나이가
밀크 커피를 즐긴다

조기

식탁에 조기가 오르면
아내에게 미안하다
똑바로 앉아
살점을 찾는데,
이빨에 끼지 않는
살점이 좋아서
발라 먹는다는 아내,
조기를 즐기는 것이
머리, 내장, 꼬리, 가시를
발라내는 것인데,
식사의食事 노동이지만
그 맛이 특별 하단다
나누어 가질 것도
별로 없는데,
자꾸 엉기는 세상에서
쿨한 맛을 지닌 게
아내를 홀린다나

폐품수집

고철을 주워도 시원찮을
골목,
폐지와 비닐과 온갖
쓰레기들에
콩비지 같은 땀을 흘리며
담뱃값을 버는
시아버지,

내 언젠가
획 담뱃불 던진
저 불경스런 목덜미를
잡고
꽁초한입
틀어 넣어주고
말까보다

내 며느리 남편 같은 놈,

강낭콩

키를 키워 보겠다고
높은곳에 올랐습니다
편백나무 가지를 잡고
강낭콩은 어리석음을
키웠습니다
오를 감당은 하였으나
더불어 사는 것이
어렵습니다
붉은 열매 가슴에 품고
하늘만큼 높아지고 싶은
강낭콩
내림길을 갖지 못해
얼굴이 붉습니다

설명

보신탕 집이
실랑이를 한다
맛이 덜 하군요
손님은 조심스럽다
그럼 남겼어야죠
여주인이 벌컹다
몸을 생각해서
먹은 겁니다
옆자리의 손님도 거든다
별 손님 다 보겠군요
맛이 없으면 숟가락질을
말아야죠
먹어봐야 맛을 알죠
목소리를 높이는
옆손님,
그의 뚝배기도 야위다

만국기

엄마등에 업힌 아기가
쌔근쌔근 자고 있다
어둑 해 지는 시장,
엄마는 좌판을 헹구며
귀를 씻는다
굽 높은 구두들이 귀가를
서두른다
심한 비탈길에 쪽방들이
매달렸다
대롱대롱한 문간방들이
만국기처럼 펄럭인다

아가는 엄마를 업고
성냥갑 속에 든다

시이소

나, 그를 사랑한다고
했을 때,
그건 집착이라고
번번히 말하더군요
그대는,

이즈음에 소식을 끊었더니
줄다리기가 서툰
사람 이라고 하는군요
시이소 인가요
집착과 줄다리기를 건넌
사랑은,

벼

다락논에 심어논 벼, 장마
철 내내
칼 같은 잎으로 버티더니
온 논 가득 추석의 황금물결을
이룬다
이유기에 시작한 밥투정이
아직도 계속되는 아이,
쌀이 이루어낸 밥은 한가지
인데
먹이를 가려 먹는 날짐승처럼
나는 벼를 먹고
아이는 쌀을 먹는다
논두렁의 잡초마저
누렇한 오늘
신기해진 아이가
자꾸 메뚜기만 그려대는
캔버스 같은,

나

내 이름 앞에 무엇을 붙이지 마세요
뒤에 다 숨기지도 마세요
나는 그냥 나입니다
이름속에 내가 있는 게 아닙니다
나는 저쪽을 쳐다본 일이 있고요
이곳을 향해 걸어 온 적도 있습니다
나는 해를 보고 왔거나
산이 좋아서, 꽃을 밟은적도
있습니다
나는 꽃을 가꾸거나
나비를 기른적은 없습니다
그러나
꽃 피우고 새우는 자락은
즐겼습니다
그게 나입니다
보이는것만 보세요
새보다 빨리, 나비보다
훨훨 날지는 마세요,

고향 길

먼 길을 돌아 고향 산마루에
닿았다
나무하던 동무들은 보이지
않고
까마귀가 날고 볕이 얇다
나는
두리번거리며
옛날을 셈한다
산은
내가 낯설다
너무 먼 길을 돌아 왔을까
비문이 띄엄띄엄 하다
이름만으로도 확 안겨올
익은 얼굴들,
비문에 눈이 간다
마침내 감도는 스산함,
불긋한 밤나무 잎 하나
내 곁에 내린다

민들레

마음이 가서
눈을 돌릴 수가 없었어
밥공기를 달가닥 거리며
긁는 수저의 모습
한쪽 어깨를 들썩 하면서
추는 어설픈 춤사위
말을 깨알같이 꼭꼭 씹으며
하는 얘기 소리를
다 들었는데
슬쩍 피하는 곁눈질이
예쁜데
곁에 앉아서 말을 걸어
무엇해
이런길 꼭 말로 해야 하나
이름은 알아서
뭣해,

읽기

삭은
서까래의
못을 뽑으면서
들었다

그, 젊음이
휘둘렀던
망치 소리를,

2

비진도

둘이 만나는 곳엔 긴장과
불안이 있다
파도는 돌을 씻어 몽돌을 만든다
와르륵 와르륵 돌을 굴리는 파도,
파도는 저리도 시끄럽게
돌을 굴린다
해 박힌 어느 날
울지 않은 돌이 없다
파도는 자꾸만 씻어 주려한다
싫다며 몽돌은 제가 구른다
머리를 맞댄 저들이 조용해 질
수는 없다
모래가 된 몽돌을 보기까진
쉴 수가 있나
몽돌은 앙칼지지만
파도는 너울너울 하다
몽돌이 순해지는 날
파도는 모래위에
철썩일 것이다

논고동

— 우렁이

목숨을 걸어야
알슬기 할 수 있는 고동이 있다

애미살 부터 갉아먹어야
단단히
세상에 태어난다는 논고동

제 살 뜯어 먹여서라도
구하고 싶은
잡초 낀 무논,

한여름 띠약볕, 그러나
한번도 배를 내 보인적 없는
논고동,

가을걷이 다 한들판
여기 저기 숭숭한
울엄마,

일러두기

꽃은 색과 향기로
나비를 가늠한다
이른 아침에 피어서
배고픔을 한껏
부르는 나비,
어찌 그 앞이
어두우랴
맑은 바람도
가만있지 못하나
보다
색과 향기를 피워
나비는
날개를 접는다

상설시장

노점에서
살구를 샀다
바지춤에 문질러
우적우적 씹어
삼켰다
새콤한 맛에 눈이
감긴다
흑백 사진 속에
나비가 난다
재자거리에
살구꽃이 핀다
휘적휘적, 노점은
굽은 호미다

파리

밥상 귀퉁이,
들락날락 간장게장
찍어먹는
파리,
근근이 간을 빠는
해충,
도망 다니며
요리조리 빌붙는
머저리,
다 먹는다고
오해 받으며,
게, 다리하나
뜯지 못하는
등신,
스스로 싹싹 비비는
저, 이방,

장독

쩌억 금이간 둔탁한
장독
흙의 무게로 발 붙이고
섰는게 미안하다
곁, 봉숭아 씨방이 터지고
거미는 줄을 쳐서
영역을 표시 한다
목까지 자라오른 잡초
속에서
배를 안고 한아름
기도중이구나
찬이슬 이기지 못한
덤불마저 훠언한데
너는 아직 그 몸으로
땅을 잡고 섰는가
쨍그렁, 터질듯한
이 가을 하늘 아래서,

꽃

꽃은 닮지 않는다
순간을 살지만
제 색을 갖거나
향기를 피운다
제 모양을 위해
꽃은 아름답게 핀다
닮은 꽃을 피운 꽃은
보지 못했다
줄줄 흩어 놓아도
꽃잎이 뒤엉킨 적은
없다
모양이 비슷하거나
키가 같아도
우연이란 길
꽃은 안다
알리려 하지 않아도
가려볼 수 있는 색이 있다

무궁화

무궁화는 귀를 열고
사방으로 꽃을 피운다
나팔 같은 잔가지를 내어
굵은 둥치를 만들지 않는다
동틀 때 피고
어둑할 때 져서
시든 모습을 보이지
않는다
온갖 소리와 달빛마저
꽃으로 답한다
흔드는
바람을
온몸으로 막으면서.

그림자

아비지가,
잡았던 손을
놓았다

훌훌 털어버린
당신을 두고
식구들은
흐리다
허물어지는
종교

운명

하얀 억새가 바람을
따라
강물에 드는 오후,
검은상복 차림의 앳된 계집
아이가
유골을 강물에 뿌리고 있다
그의 곁에는
목발에 몸을 기댄
한 사내가
울먹거리며
퍼질러 있다
한없이 펼쳐진 강은
쉬이 또 흐른다
그러나, 아득한 몇해,
저 수심에 입 맞추며
깔깔댔던 기억,
환경 단체 회원인가
쓰레기를 줍던 사람이
자꾸 손을 흔든다

첫사랑

첫사랑은
가슴벅찬 두려움이 있다
또다른 울렁임이 있다
잡아 보려고
불끈, 주먹을 쥐면
가슴이 아려온다
온 세상 말들을 다해
속삭여 보지만
가위 눌린다

하루치의 양식보다
값싼 사랑,

첫사랑은 간절하다

눈높이

배부를 때는
보이지 않았다
가려진
어둠이 있다는 것이,

허리 굽고
배 고플 때 알았다
내 작은 발밑이
스스로
어둡다는 것을,
키를 줄이는 일이
눈높이 라는 것도,

잔소리

아내는 말한다
나더러
풀을 죽이라고,
당신의 시간은
날이 섰다고,
겹친 시간을 쪼개
날을 무뎌야 한다고,
스쳐 지나는
바람에도
귀를 열어
가지를 내라고,
물컹해 지라고,

기도처럼 담는다
아내는,

몸의 말

몸아 미안하다
머리의 시킴이라며
눕지 않고 버틴 것,
머리여 미안하다
스스로 몸을 뉘이지 않아
받쳐 주지도 못한 것,
회복을 위한다며
먹고 눕지도 않은 것
몸의 말을 듣는 게
가슴의 시킴 이였는데,
머리의 시킴이라며
핑계로 버틴 것,

홍시

할머니집 사립문 곁에
허리 굽은 감나무,
등불하나
하늘높이 켜 들었다
새까만 꼭지는
붉다 못했다
잎들이 지니
별마저 기울어
알몸으로 시린 바람을
맞는다
누구를 기다릴까
도란도란 했던
할머니의 밤이
깊다

유월

개구리들이
와글와글
노래를 부릅니다
뻐꾸기가
우듬지에서
지휘를 하는데요
낮술에 취한 외가리는
춤이 제법이네요
경운기 소리 탱탱탱
풍금 같고요
보리내음 남풍에
구수한데요
유월의 들판은
전설처럼
깊어가네요

온기

톡톡
새벽을 팬다
장작 소리에
땀을 훔친다
무엇에 쓸 거냐는
물음에 대해
따숩게 하는 일이
란다
함께 했던 숲에게
빽빽한 온기를
준단다
시린 세상 한솥 끓여
뿌리를 덥혀 준단다
키 낮은 나무들의
어깨를 보듬는 단다

저녁 강

비 내리는 저녁 강에서
바라보는 나는
비를 맞고
강도 말없이 비를
맞는다
숭어가 뛰고
파문은 일지만
저녁 강은 말이 없다
비가 그치면
산의 소리를 아우르는
치마였을 강,
나는 또 흘러간 물은
보지 못하여
수심처럼 변함없기를
푸른 내 희망을
중심에 두고 있다

암소

암소가 되새김질을 하고있다
비바람 부는 날이다
전등을 비추는 마누라가
콜록거린다
몇 십년만의 추운
겨울이다
되새김질은 몸짓같이
잔뜩 부풀었다
눈이 큰 한우는 어제를
기억 못한다
비 바람 부는 날이다
바닥이 차고
천정은 낮다

현장

그 곳으로 발을 들인다

위아래가 없어졌다
나는, 탁한 물과
다툰다
예리한 이빨에 주눅이 든
우리는
함께 진흙탕이다
저 말고는 다 도둑인
똥개가 달려든다
아가리를 감당하는
내가 짐승 같다

풍경

— 지하도

쨍그랑
동전 소리에
허리를 굽힌다
바삐 내려가는
빌길음 따라
바람이 매섭게
계단을 흩는다
퇴계 이황 선생을
그리며
형제의 정을 가져도
지폐는 주지 않는다
허리에 굽실하는
햇볕이 얇은 오후,
엎드린 손에
던져진 주화는
차다

아내의 숲

장마 내내
아내는 팩을 한다
헐렁한 평상복을
입고
헝클어진 머리도
아랑곳없다
가면을 벗는다
팽팽하게 펼쳐진 얼굴,
한 꺼풀 쉬고 난 지금, 희다
수척한 피부가 좋다
금방, 아내의 숲은
푸르다

3

회복실

오래된 매화나무
보랏빛 물오른다
가지는
눈이 어둡다 못해
귀가 밝나
힘겹게 잔설을 밀쳐
내고 튼 길,
하늘이 내려 앉는다
참새 몇 콩콩 서리며
햇살을 쫀다
간지러움은
움찔움찔 꽃망울
틔운다

품

강은
제 품을 늘리고
싶다
아주 오래 뒤엉킨
잡초, 오물을
품고 싶다
출렁이는 바다에
닿아
함께 넉넉해지고
싶다
섬이되어, 마침내 꽃피우는
봄날이
되고 싶다

봄꽃

봄에는 낮은 꽃이 핀다
키작은 꽃들은
새촉에서 핀다
추위와 겹친 햇살은
낮은곳에 머문다
이러지 않은 봄은
아직없다
키워서 여물려고
봄은 머물지 않는다
말을 듣지 못하는 꽃이
양지는 가린다
햇살속에서
어두움을 턴다

여동생

재가 어릴 때는
꽃밭 이였지,
눈만 마주쳐도
웃음이 까르르
뒹굴었어,
마주, 먹을 누가 없었지
파편들을 툭툭 뱉어,
나물이며 국이며
심지어
할아버지 밥상까지,

결혼도 사업이라던
그 친구
장가든 후로
긴 밤 지새운다고,
온갖 눈짓들에 주눅 든
세월이여,
해거름 땅거미 지면

눈에 밟히네,
천천히 흐르던 그 강물,

화장

파우더에 취한
얼굴이 하얗다
파우더는 도회가 있고
그림이 있어
당당하다
동동구리모가 두들기는
열일곱은
북소리처럼 부푼다
파우더는
울퉁불퉁한 곳에
자리를 잡고
터를 고른다
광목처럼 하얘
진다
비 그친 오후다
무지개가 뜬다

5월

봄비에 몸이 죽순처럼
웃자란다
봄비를 맞는다고
꽃들의 마당은
촉촉하다
궁시렁 궁시렁 전깃줄
흔드는 두견
깔깔깔, 눈을 부비는
참새,
훽 부는 바람에도
갸우뚱 하는
입술 진한 장미,

웃자란 마당이 좋다
헐렁한 이웃들에
숨을 고른다

동행

어떤 사람이
길을 가지만
남들은 관심이
없다
댓말을 달기도
하나
그것은 그와 동행한
우연일 뿐이다
기억에도 없는 그가
어쩌면, 마음에
나를 담고 있는지
몰라
돌아보면
마르지 않은 길이
나를 따라온다
얼마나
멀리 왔을까
바삐 온 걸음이
더 삐뚤다

경계 1

남편이
이리저리
채널을 돌린다
애국가가 들린다
리모컨으로는
어쩔 수 없는
밤과 낮의
경계,

셈법

한결같은
사랑이란 없다
순간의 그리움과
시절의 사랑이
있을 뿐이다
가슴을 옥죄던
감정이 남았을 뿐
어떤 사랑도
한결같을 순 없다
닮은 사랑이란
더더욱 없다
숲을 그렸다
나무를 심었다
하는것은,
잔영 탓이다

송곳

주머니를 비집고 나온
송곳,
뾰족함은 숨기지 못한다
늘 마음은 비웠다지만
가끔은 비집고 나와
예리해 진다
날이 선 송곳,
어쩌다 불쑥
튀어나온 말처럼
가슴을 찌를듯 하다
조심하려 애써도
앙탈을 부리는 송곳,
어느새 비집고 나와
뾰족해 진다

가령

내가 그렇다고 하자
지어 낸 말에
재미있어 했다
방안 가득한 웃음들이
그래서, 닮았다
비 내리는 논길을
저벅저벅 걷는 소리에
무논에 빠진 걸
상상 하도록 했다 하자
있고, 없음을
가리지 않았지만
밥상보 밑에 뭐가 있더라,
키 높이 신발은 누가 신더라,
번연한 사실에
까르르 배꼽을 잡는다
머릿속에서 본을 뜬다
흐르는 물속에서도
모난 돌은 쫑긋함을,

내일쯤

내일쯤 하직下直
할 수 있을까
박수 받으며
떠날 수 있을까
펑크 난 타이어를
바꾸듯
닿을 수 있을까
싹 틔우고 꽃
피운다면
기꺼이
돌려줄 수
있을까
걸어서 라도
갈수 있을까

아내

아내가 코를 골 때는
장지문이 드르륵 하더니,
사진 틀 속의 그녀는
지은 인간 같더니,
비 내리고 바람 불어
가슴 뻥뻥 뚫려서야
들리는구나
문이 삐걱 거리고
밤새
코고는 소리,

저만큼 멀어진
소리,

눈송이

흩날리는 눈송이도
쌓이고 싶다
어둠속에 몸을
날리는 저,
눈송이,
펄펄한 송이눈
보다
깊게 쌓이고 싶다
풀뿌리 덮고 누웠다
꽃대궁 밀어 올리고
싶다
산새들 버들강아지
지절대는
계곡이고
싶다

일요일

창문이 화안하여
잠을깼다
주거니 받거니 온갖 새들의
비밀스런 말들이
퐁퐁난다
툴툴거리는 아내는 없고
학교 늦다고 보채는
아이도 없다
나는 그저 그렇게 졸음이 오고
잤을 뿐이다

그리고 이밤이 지난
아침,
내 귀를 의심할
사람 소리를 들었다
드르륵, 창문을 열어 젖히고
들어오는
바람소리도,

경계 2

일흔 지난 작은 아버지는
아직 준비 중이다
나는, 가끔 이를 물고 버티는
연습을 지켜본다
말씀을 놓은지 오래,
작은 아버지의 생은 길었다
난전에 앉은 가족을
놓아버릴수 없이
파리떼와 싸우는 갑다
작은 아버지와 나는 경계가
없었다
다음 이라는 말들은
아무런 뜻이 없다
혼자 떠나려, 지독한 연습
중이다
강아지 마저도 따를 수
없다
너무 할 말이 많아, 연습이
길다

반숙

남편은 계란 바구니를
어깨에 들러멨다
그만, 같이 들자
제발, 여보, 나는 남편의 허리를 잡았다
계란을 멘 그의 다리가 전다
나는 바구니를 슬쩍 추켜 밀었다
그는 획, 돌아서 뛴다
얼마쯤,
그가 미끄러져 넘어졌다
바구니에서 계란이 쏟아졌다
데구루루,
비뚤비뚤, 계란이 중심을 잃었다
어쩌지 못한 우리는
발만 동동 거렸다

병아리가 골목 가득 삐약삐약 한다

그새, 둘이 익었나 보다

철 지난 양복

헤어졌으면
낯 모를 포장마차에나
가서
뚱집에 막 소주나
한잔하고
그래도 속이 풀리지
않는다면
땡초 넣은
어묵 국물을 핑계로
듬뿍 울 일이지,
지나간 길을 왔다
갔다
거리를 재고
간판을 센들
무슨 소용이랴

철 지난 양복에
매연 묻을까
두렵다

대추씨

나는 뚱뚱해서
안 먹어도 배가 부르다며
배를 툭툭 두드리시던
어머니,
내 일곱 살 때
식은 밥을 나누어 주던
어머니는
빈 양푼이를 들고
우물가로 가셨다
채송화 맨드라미 꽃
물을 주고 남았다며
벌컥벌컥 냉수를
마시던 어머니,
얼마나 마셨을까
찬물로 불렸을까
몸집이, 장독대
항아리 같았다

이젠 쌀밥도 피하는
대추씨 같은 팔십 고개,

싹

아파트에서
깨달았습니다
벽은, 바닥에
서 있지만
편편함이 벽을
밀고 있다는 겁니다
벽은 혼자 서 있는게
아니라
바닥, 천정과도
어깨를 나눈다는
겁니다
바닥은 벽만 미는 게
아닙니다
스스로 편편하다는
겁니다
사람의 벽,
단단한 바닥에
싹 틔우고자

이토록
바람 불고 창이
흔들립니다.

즐거움의 동력

아들만 있었으면
어땠을까요
딸애가 말했다
고맙다 그 애가
딸인 것이,
너의 웃음은
모든 날의
씨줄이다
너 였기에 꽃 피우고
초록인 세상이,
새날을 밝혔다
산과 들을 깨웠다
너는
모든 즐거움의
동력이다

간극

울타리위의
능소화,
쪼그린 모습이
부끄럽다
슬쩍 고개를 숙이며
어색해 한다
만삭의 참새들
이내 말문을 튼다
나와 능소화는 간극이
있있지만,
금새, 비가 내렸다
비 소리는 흔적을
남겼다
새잎 사이로 봉우리를
밀던,
떨림으로 울었던
이파리는
더 푸르다

해설

■ 작품 해설

따뜻한 정감과 정갈한 서정

권달웅 (시인)

1

『저녁 강』은 오삼록 시인의 열두 번째 시집이다. 그는 일찍부터 자연환경에 시선을 두고, 그만의 개성적인 목소리로 〈신동아〉, 〈작가〉 등에 작품을 발표하면서, 여러 부문의 문학상을 수상한 바 있다.

그는 지금까지 주로 고향의 풍물과 자연을 시의 오브제로 택하여 왔다. 그가 향토성이 짙은 시를 쓰는 것은 자연을 지향하는 순수성을 나타내기에 가장 적절한 양식이기 때문일 것이다. 또한 그가 자연에 관하여 지속적으로 정밀한 탐색을 하는 인위적인 문명에 대한 조응 때문일 것이다. 그의 시에는 자연을 통해 가식 없는 삶을 사유하고, 그것을 통해 현실을 비교하고 성찰하려는 의지를 드러내고 있다.

그는 『저녁 강』 자서에서 그의 시세계를 간략히 서술해놓고 있다.

함께 걸었습니다

슬쩍, 손을 잡았습니다

포옥, 안겼습니다

엄마의 품이었습니다

시가, 그러하였음 합니다

자서에서 밝힌 것처럼 그는 시를 '엄마의 품'처럼 포근한 온기로 쓰고 있다. 그의 시는 지금까지 그가 걸어온 삶과 시를 포용하고 동일시하여 사유하고 있기 때문에 더욱 따뜻한 정감을 준다. 그의 시세계의 밑바탕을 이루는 따뜻한 정서는 작품「온기」를 보면 선명하게 파악할 수 있다.

요즈음 시단은 화려한 수사와 관념을 앞세운 장황한 시들이 많이 발표되고 있다. 이러한 현상은 시의 정체성을 간과하고 새로운 시를 추구하려는 시류에만 추종하려는 착시현상일 것이다. 간결해야할 시가 산만하고, 시의 본질인 언어의 응축과 서정을 소홀히 한다면, 현대시의 방향이 어디로 갈 것인가를 생각하게 된다. 시를 쓴 시인 자신도 무엇을 썼는지 모른다는 말까지 나오고 있다.

오삼록 시인의 시는 시류의 흐름에 흔들림이 없이 체질적으로 직선적이고 간명하며 정감 있는 시를 구축하는 특성을 지니고 있다.

그의 시는 짧고, 언어가 간결하고 투명해서 누구나 이해하기가 쉽다. 그의 시에는 자연 속에 인간이 있고, 인간 속에 자연이 그려져 있다. 단순한 자연을 아니라 그 속에 인간의 삶을 담아내고 있다. 그의 시는 자연과 인간을 동일시하여 삶의 연민과 갈등을 가식 없이 진솔하게 그려냄으로써 더욱 따뜻한 정감을 주고 있다. 그의 시는 소식이 왕유의 시를 보고 '시속에 그림이 있고 그림 속에 시가 있다'는 말을 연상하게 한다.

2

오삼록 시인의 삶의 궤적과 시정신은 크게 세 가지 특성으로 구분하여 살펴볼 수 있다.

그의 시세계는 삶에 대한 경험과 정감이 주류를 이루는 시가 있는가 하면, 자아의 삶을 성찰하거나 각박한 현실에 대한 비판의식을 투영한 시도 있다.

작품 「온기」를 보면 그가 꿈꾸는 시세계의 원형질을 찾을 수 있다.

> 툭툭
>
> 새벽을 팬다
>
> 장작 소리에

땀을 훔친다
무엇에 쓸 거냐는
물음에 대해
따숩게 하는 일이
란다
함께 했던 숲에게
빡빡한 온기를
준단다
시린 세상 한솥 끓여
뿌리를 덥혀 준단다
키 낮은 나무들의
어깨를 보듬는 단다

-「온기」 전문

이 시의 화자는 새벽에 일어나 장작을 패고 있다. 화자의 이런 행위는 장작으로 불을 지펴 이 세상 모든 것들에게 따뜻한 '온기'를 주기 위함이다. '시린 세상'을 덥히고 '키 낮은 나무들'을 보듬기 위함이다. 화자가 궁극적으로 '온기'를 불어넣고 싶어 하는 대상은 '시린 세상'과 '키 작은 나무들'이다. 이 작품 「온기」는 제목에서 주제를 미리 감지하게 하면서, 의미를 확장할 수 있게 상징적 표현을 하고 있다. 이 시는 간명한 언어와 함께 '온기'를 느끼게 하는 서정이 밑바탕을 이루고 있어 더욱 따뜻한 정감을 느끼게 하고 있다.

주황색 우주가
감나무에 주렁주렁 하다
호랑나비가 하얀 메밀꽃에
취하고
낮술에 취한 콩잎은 제법
휘청 거린다
포장길에 내려앉은
사마귀 한 마리가
볕의 두께를 가늠한다
산으로 닿는 길은
패랭이가 안내한다
하얀 억새들 노을 지는
방죽을 오르고
난 이미 가슴이 시리도록
다 비워도 서럽지 않으니
시월은 이제 주황색으로
물들다

-「10월」 전문

「10월」에 등장하는 자연은 모두 가을정감을 떠올리는 제

재들이다. 모든 나무와 풀과 곤충이 어우러져 가을 분위기를 연출하고 있다. 자연에 대한 섬세한 시선과 관찰은 조밀한 시의 구성을 연출한다. '감나무', '호랑나비', '콩잎', '패랭이', '억새' 는 모두 「10월」의 '주황색 우주'를 나타내는 등가물이다. 모든 자연물이 하나가 되어 아름다운 주황색 '시월'을 형성하고 있다. 경험에 의해서 획득된 이런 시는 수사와 기교를 앞세우는 요즈음 현대시의 시 경향과는 다른 순수서정을 지향하는 하나의 기품으로 여겨진다.

비 내리는 저녁 강에서
바라보는 나는
비를 맞고
강도 말없이 비를
맞는다
숭어가 뛰고
파문은 일지만
저녁 강은 말이 없다
비가 그치면
산의 소리를 아우르는
치마였을 강,
나는 또 흘러간 물은
보지 못하여

수심처럼 변함없기를

푸른 내 희망을

중심에 두고 있다

–「저녁 강」 전문

이 「저녁 강」은 시집 제목이 된 작품이다. 화자는 '비 내리는 저녁 강'을 바라보면서 '나는/비에 맞고', '강도 말없이 비를/맞는다'는 물아일체의 지경에 들어가 있다. '저녁 강은 말이 없다' 그러나 강이 '산의 소리를 아우르는' 모습에서 마치 어머니의 '치마'처럼 모든 것을 감싸 안는 포근한 마음의 정경을 직시할 수 있다. 비 내리는 강의 아름다운 풍경을 직관한 마음의 경지 그대로 진솔하게 그려져 있다.

쟈끄 마르땡은 그의 저서『시와 미와 창조적 직관』에서 직관은 미를 유발하는 중요한 요소라고 했다. 직관은 순간의 주관적 시점뿐만 아니라, 주변대상에 대한 종합적 분위기와 정감을 동반한다. 왜냐하면 그것은 인간이 인식하는 직관은 수많은 경험과 순간의 정감적 교감에 의해서 창출되기 때문이다.

오삼록 시인의 시에 나타난 직관은 시각에 포착된 자연을 분위기에 맞게 재구성하여, 내면의 미감으로 표상하고 있다. 이러한 직관은 단순한 정감을 초월하여 주위 환경을 연상하게 하고 확산하여, 더 많은 것을 사유하도록 유도한다.

오삼록 시의 특성을 이루는 또 하나의 요소는 무위자연 속에서 살아가는 자아의 삶을 확인하는 데 있다. 그는 자연을 통해 자아의 삶을 투영하고 성찰하고 있다. 사물과 자아의 소통을 통해 삶을 관조하는 그의 시관은 시의 동일성 표현방식을 잘 구현해내고 있다. 시인은 사소한 일상생활에서 내면에서 느끼는 정감과 유사한 사물을 통해 나와 사물이 긴밀한 구조를 맺고 상통하게 한다. 그의 시는 거울에 비친 자신의 얼굴을 들여다보듯, 현실의 삶속에서 얼룩진 자아의 상처와 흔적들을 보여주고 있다.

내 이름 앞에 무엇을 붙이지 마세요
뒤에 다 숨기지도 마세요
나는 그냥 나입니다
이름 속에 내가 있는 게 아닙니다
나는 저쪽을 쳐다본 일이 있고요
이곳을 향해 걸어 온 적도 있습니다
나는 해를 보고 왔거나
산이 좋아서, 꽃을 밟은 적도
있습니다
나는 꽃을 가꾸거나
나비를 기른 적은 없습니다
그러나

꽃 피우고 새우는 자락은
즐겼습니다
그게 나입니다
보이는것만 보세요
새보다 빨리, 나비보다
훨훨 날지는 마세요,

-「나」 전문

경제와는 거리가 먼 시는 무엇인가? 이 물질의 시대에 시를 쓰는 '나'는 누구인가? 시인이라면 가끔 이런 회의와 질문에 빠질 때가 있다. 화자는 이 시에서 '나'는 '이름 속에 내'가 아니라 '그냥 나'일 뿐이라고 고백한다. 그저 '해를 보고', '산이 좋아서', '꽃'을 밟으면서 걸어온 '나'라고 독백하고 있다. 그러나 '새보다 빨리, 나비보다/훨훨 날지는 마세요'라고 당부하는 화자의 심리는 초고속 시대를 살아가는 자아를 경계하고 있음을 짐작할 수 있다. 그것은 현대를 살아가는 시인의 고뇌이며, 서두르지 않고 살아가려는 느림의 정신과 삶의 처세라고 할 수 있다. 「나」는 현실에 한눈팔지 않고 무위자연 속에서 살아가려는 자아의 의지를 성찰하고 있다.

몸아 미안하다
머리의 시킴이라며

눕지 않고 버틴 것,

머리여 미안하다

스스로 몸을 뉘이지 않아

받쳐 주지도 못한 것,

회복을 위한다며

먹고 눕지도 않은 것

몸의 말을 듣는 게

가슴의 시킴 이였는데,

머리의 시킴이라며

핑계로 버틴 것,

–「몸의 말」 전문

이 작품은 고단한 현실 속에서 살아가는 자아의 심정을 술회하고 있다. 화자는 몸을 돌보지 않고 바쁜 일상을 보내다가 어느 날 병을 얻고, 회복되지 않는 건강을 걱정하고 있다. 말하지 않아도 '눕지 않고 버틴 것'을 보면 그동안 몸이 얼마나 시달리고 고통스럽게 지내왔는가를 짐작할 수 있다. '머리'로는 고단해서 눕고 싶지만, 지쳐 쓰러질 듯한 '몸'을 한 번도 '받쳐주지도 못한' 자아의 슬픈 음영이 짙게 드리워져 있다. 현실을 살아가면서 서로의 말을 알아듣지 못하는 육체와 정신 사이에서 신음하는 자아의 회한이 담겨 있다.

인간은 끝없는 절망과 비애를 겪고 난 뒤에 성숙한다고

한다. 시인은 이러한 갖가지 고통과 갈등들을 시로 표현함으로써 그것을 구원받게 된다. 시인은 살고 있는 현실이 어두우면 어두울수록 그것을 이기기 위하여 어둠 속의 빛과 같은 강인한 시 정신을 지니게 된다. 그래서 시인은 언어를 통해 그 비애를 해소하가 위하여 현실을 비판하기도 하고 고발하기도 하고 풍자하기도 한다.

'개조심'이라 쓴
고딕체 대문간에
몸집 큰 개 한 마리
우락부락 하다
온 동네를 뒤엎을 수도
있다는 듯
컹컹대는 게
자유당 시절의 주먹 큰 놈 같다
주인이 머리를
쓰다듬는다
제가 잘했다는 건지
개가 자랑스럽다는 건지
둘만의 소통은
도무지 모르겠다
마을을 뒤엎을 수도

있다는 듯,

목줄을 풀기라도 한 건가

자꾸 눈이 간다

– 「개조심」 전문

「개조심」의 화자는 어두운 현실을 '몸집 큰 개 한 마리'로 희화화 하고 있다. '목줄'에 묶여 '컹컹대는' '개'를 '소통'이 되지 않던 '자유당 시절의 주먹 큰 놈'에 풍자하고 있다. 내가 살고 있는 현실은 숱한 사람들과 부딪치고 정감을 나누면서 하나의 생명체로 살아가는 공간이다. 이런 공간 속에서 살아가는 시인은 나와 세계와의 갈등과 연민, 고통과 슬픔의 곡절들을 해소해주는 매개체 역할을 하기 위해 시를 쓰는 것이다.

그 곳으로 발을 들인다

위아래가 없어졌다

나는, 탁한 물과

다툰다

예리한 이빨에 주눅이 든

우리는

함께 진흙탕이다

저 말고는 다 도둑인

똥개가 달려든다

아가리를 감당하는

내가 짐승 같다

-「현장」 전문

「현장」은 현실을 은유적으로 표현한 작품이다. 시인은 어두운 현실을 '탁한 물'과 '진흙탕', '똥개'로 풍자하고 있으며, 그 속에서 살아가는 인간을 '짐승'에 비유하고 있다. 이 시는 어두운 현실을 화자가 경험한 추억속의 대상에서 유추해내고 있다. 현실을 반영한 시는 현실을 너무 직선적으로 드러내어도 안 되고, 현실을 지나치게 암시적으로 숨겨도 안 된다. 그것은 현실을 상징적으로 표현하거나 넌지시 굴절하지 않으면 시의 형상화가 이루어지지 않기 때문이다. 현실을 투영한 시는 현실을 풍자적으로 표현할 때 현실이 더 현장감 있게 전달되고 환기된다. 이러한 현실에 대한 시선과 의식은 「송곳」에서도 현현되어 있다

주머니를 비집고 나온

송곳,

뾰족함은 숨기지 못한다

늘 마음은 비웠다지만

가끔은 비집고 나와
예리해 진다
날이 선 송곳,
어쩌다 불쑥
튀어나온 말처럼
가슴을 찌를 듯하다
조심하려 애써도
앙탈을 부리는 송곳,
어느새 비집고 나와
뾰족해 진다

-「송곳」 전문

「송곳」은 사회현실을 내면화하여 나타낸 시이다. 세상은 부드럽고 포근하게 인간을 감싸 안고 있는 것만은 아니다. 세상은 각박하고 냉정하고 '예리해 진', '날이 선 송곳'처럼 '뾰족해' 사람의 '가슴을 찌를 듯하다'. '조심하려 애써도' 상처를 입게 된다. 이 시에서 시인은 비정한 세상을 '송곳'에 비유하여 냉철하게 응시하고 있다.

옥타비오파스는 시를 세상의 음악이 울리는 소라고둥이라고 했다. 시는 세상의 소리를 담아 메아리처럼 되울려 내는 언어의 소리들이다. 응축과 간결미가 생명인 시는 그래서 현실을 노래하더라도 서정성을 바탕에 두면서 사상이나 상징의 의도적인 장치를 작품 속에 숨겨 놓기도 한다.

3

오삼록의 시는 현실을 노래하더라도 그 이면에는 현실에 상응하는 화자의 내면적 갈등이 숨어 있다. 따라서 그의 시 세계는 따뜻한 정감과 간결한 언어의 특성을 지니고 있으며, 자아의 삶을 성찰하거나 각박한 현실에 대한 비판의식이 상징적으로 표현되어 있다.

오삼록 시인의 열두 번째 시집은 그가 오랫동안 쌓아온 시력과 시 내공이 집적되어 있다. 그는 삶의 경험과 보편적 정서가 합일된 따뜻한 정감 있는 시를 표출하여 독자의 공감을 얻고 있다. 그의 시는 직관에 의해 대상을 응시하는 투시력을 지니고 있어 대부분 짧은 시 형식을 취하고 있다. 그의 시 속에는 눈앞에 보이는 현실의 물질성과는 다른 자연에 대한 풋풋한 감성이나 투영한 시정신이 스며들어 있다.

시는 삶의 경험과 보편적 정서가 합일해야 독자의 공감을 얻을 수 있다. 시는 자아와 대상이 관계 맺고 부딪쳐 나가는 한줄기 빛이며, 장인정신으로 연마한 보석과 같은 것이다.

그의 시는 삶에 대한 경험과 대상을 사유하고 재구성하여 자기만의 삶으로 현현하고 있다. 그는 삼라만상 자연을 현실 속에서 부딪친 경험들과 조응하여 재구성해놓고 있다. 삶의 현실에서 포착된 대상은 다시 상상력에 의해 질서화하고, 질서화한 대상은 현실을 살아가는 자아의 삶을 환기시켜 준다. 그의 시는 자연을 통해 자아의 삶과 고뇌를 확인하고 있다.

움베르토 에코는 사람이 영원히 사는 방법 중의 하나는 자식들에게 유전자를 남기는 것이라고 했다. 자식들에게 유전자를 남기는 것처럼 시인은 죽어서도 좋은 시를 남기기 위해 고통스럽게 시를 쓰면서 미지의 세계를 꿈꾼다.

오삼록 시인의 시는 자연을 통해 현실을 직감하면서 삶의 갈등과 고뇌를 따뜻한 시선으로 사유하여 현실성을 획득하고 있다. 그의 시는 삶에 대한 경험과 정감이 주류를 이루면서, 자아의 삶을 성찰하거나 각박한 현실에 대한 비판의식이 선명하게 투영되어 있다.

그가 지속적으로 추구하는 따뜻한 정감과 정갈한 서정은 앞으로도 더욱 은은한 빛을 발할 것이다.